AF298512

GRAND ESCALIER

DU

CHATEAU DE VERSAILLES

DIT

Escalier des Ambassadeurs

ORDONNÉ ET PEINT

Par Charles le Brun Ecuyer premier Peintre du Roy,

CONSACRÉ A LA MEMOIRE

DE

LOUIS LE GRAND.

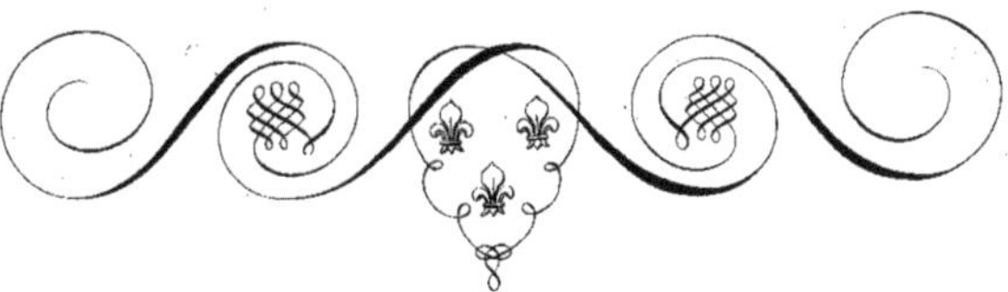

SE VEND A PARIS

Chez Louis Surugue à l'entrée de la rue des Noyers vis-a-vis S.ͬ Yves .

AVEC PRIVILEGE DU ROY.

DESCRIPTION

DE

L'ESCALIER DES AMBASSADEURS

a Versailles

E GRAND ESCALIER est appellé Escalier des ambassadeurs, par ce qu'il est par
ticulierement destiné pour les Ambassadeurs des Cours Etrangeres,lors qu'ils vont en
cérémonie recevoir audiance du Roy.
Il est placé a droite en entrant dans la seconde cour du Château, et en ocupe le der =
nier Pavillon; sa Face a les mêmes ornements que le reste du Château, et les pierres
de taille y sont rangées par compartiments qui forment de grands Trumeaux, ornéz
chacun d'un Buste antique de marbre blanc posé sur une console. Sur la corniche regne
une Balustrade qui porte des Vases ornés de festons, et qui sert de siège à quatre Statuës
de pierre de taille, hautes chacune de 8 pieds; ces Statuës représentent allégoriquement quelques unes des Vertus Roy=
alles: la premiere faite par Raön est la diligence, elle tient à la main une branche de thin sur la-quelle est une Abeille,
à ses pieds est un Cocq La 2.e par Massou est la Prudence caracterisée par un Serpent entortillé autour d'une fléche La 3.e par
Girardon est Pallas apuyée sur son écu La 4.e enfin par Coizevox est la Justice tenant l'épée et la Balance. voyez la pl. 1.re

2

En entrant par une des trois Arcades qui sont à cette Face, dont les portes sont de fer doré, on trouve le Vestibule de l'Escalier; ce Vestibule incrusté de compartiments de marbre de différentes couleurs, a 39 pieds de largeur sur 13 de profondeur, sa voûte est enrichie d'ornemens et de Trophées de bronze doré, la décoration des 2. fonds de cette voûte en rend allégoriquement raison: la Massuë avec le Caducé, les grands Trophée et les autres simboles montrent que quand la Force et la Prudence se trouvent reünies dans la personne d'un Roy éclairé, les victoires sont fréquentes et le Royaume devient riche et florissant

Sur ce Vestibule est la Gallerie nommée communément la petite Gallerie, elle en ocupe la longueur et la largeur, et tire son jour par les 3. grandes croisées qu'on voit à la face exterieure de ce Pavillon.

Enfin quand on a passé trois autres Arcades qui corespondent aux prémieres, et qu'on a monté trois degrés de marbre, on entre dans le Vaisseau de l'Escalier long de 11 toises sur 5 de large, les planches 6. 14. 16. et 22. en representent les 4 Faces, la 24.e en est le Plafond.

Cet Escalier estant donc destiné pour l'Entrée des Ambassadeurs, il étoit de l'habilleté de Mr. le Brun de le décorer d'une maniere qui non seulement répondit à la magnificence des appartemens mais encore qui imprimât à un Etranger du respect pour le Prince qu'il alloit voir sur le Thrône.

Louis 14 ne s'étoit pas rendu respectable, seulement par la rapidité de ses Conquestes et par son Amour pour la vertu; ce Monarque persuadé que la culture des Sciences et des arts est l'honneur le plus solide des Royaumes n'avoit rien négligé de ce qui pouvoit les faire fleurir dans le sien, non content d'engager ses sujets à s'y appliquer par la protection particuliere dont il honoroit ceux qui s'y addonnoient et par des recompenses proportionnées au merite, il avoit encore attiré en France, par sa libéralité la plus grande partie des Sçavants Hommes; et y avoit fait venir les choses excellentes et rares que possedoient les autres Royaumes.

Il faloit donc le représenter icy comme Conquérant, comme Apuy de la Vertu, et comme Protecteur des Sciences et des arts.

Il étoit assez dificile de remplir une Idée si vaste sans employer les Simboles alégoriques, et sans une disposition toute particuliere, on ne pouvoit représenter icy qu'un tres petit nombre des actions héroïques du Roi, cependant il faloit rendre sensible toute la Grandeur de ce Prince et la mettre dans son plus beau jour: les Simbolles allégoriques parroissoient plus que sufisants pour y suplé, mais ils perdent leur force et dégénerent en pures imaginations poëtiques, s'ils ne sont soutenus par des preuves suffisantes, je veux dire s'ils ne sont accompagnez de faits connus et généralement aprouvez.

Mr. le Brun résolut donc d'entremesler les fictions poëtiques avec l'Histoire du Roi affin qu'elles se prêtassent un secours mutuel: et pour rendre son ouvrage encore plus régulier, metre une suite et une liaison naturelle entre les différents sujets qui devoient y entrer, il envisagea toute la suite du Regne de Louis XIV. et sur la conformité qu'il remarqua entre ce grand Prince et un Roi parfait dont il s'étoit formé l'Idée, il crut qu'il devoit s'apliquer à faire sentir une ressemblance si glorieuse qui fournissoit à la Peinture une matiere riche et abondante

3

Ce dessein lui parut d'autant plus propre à estre exécuté, qu'il regarda comme tres possible de peindre pour ainsy dire par le moyen des simboles allégoriques, un discours suivi qui pouroit estre compris par les Esprits un peu intelligens. En effet les Divinités fabuleuses sont représentées icy avec une telle œconomic qu'il est facile quand on les examine, d'y appercevoir tous les attributs de la Royauté parfaite: Et lors qu'ensuite on jette les yeux sur les peintures de quelques Actions de Loüis XIV. qui accompagnent ces simboles, on sent avec admiration que la conduite de ce Prince paroist avoir eu les mêmes principes que ceux qu'on viens de méditer, il arrive même que chacune des Actions qui sont représentées, en rapelle un grand nombre d'autres, dans les-quelles on se plaist à trouver un raport avec les vertus qu'expriment les Simboles généraux ; ce raport étant apperceu les Simboles ne paroissent plus que les caractéres allégoriques des grandes qualitéz du Roi, le Roi devient insensiblement un Roi parfait.

Pour rendre ce lieu plus noble et le faire paroistre plus spatieux M.ʳ le Brun a emprunté le secours de l'architecture et de la Perspective. Par l'une il a disposé le long des quatre faces un Ordre de Colonnes Joniques de Marbre; l'autre lui a donné les moyens de séduire les yeux jusqu'à faire croire que ce vaisseau borné et simple par luy même, est un Edifice tres vaste digne de la Magnificence de l'ancienne Rome.

Le premier morceau qui se présente lors-qu'on entre dans l'Escalier est la Fontaine, placée sur le prémier peron dans une niche surbaissée prise dans l'épaisseur du mur. Dans les prémiers tems, cette fontaine étoit composée d'un superbe bassin de marbre soutenu par des Dauphins de bronze; deux Tritons dessus suportoient une coquille de marbre ornée d'un masque qui jéttoit de l'eau dans un panier rempli de coquilles, ce panier formoit une nape d'eau qui se déchargeoit par un autre masque et par les 2 Dauphins le tout de bronze, mais ce dessein ne subsiste presque plus aujour-d'huy, on a substitüé aux deux Tritons un groupe antique de marbre blanc: c'est le bon homme Siléne emporté par un Centaure marin.

La Prudence et la Force sont les vrays caractéres qui conviennent aux Rois, elles doivent toujours les accompagner et se pretter un secours mutüel; c'est l'alliance de ces deux qualités qui établit dans les Royaumes ce bel ordre aussy rare que merveilleux dont dépend la félicité Publique.

C'est l'idée que M.ʳ le Brun nous présente sur les 4 faces de l'Escalier et principalement au dessus de la Fontaine, cette place étant la principale elle convenoit au Héros du sujet, et l'allégorie de sa décoration devoit estre comme la source de toutes les autres. On y a donc placé le Buste de Louis XIV. au milieu de sa devise Nec pluribus impar et des Trophées de Minerve et de Hercule. Or bien que ces ornement ne paroissent icy que comme les simboles du Prince, il est néantmoins tres aisé d'appercevoir dans chacun en particulier et dans l'arrangement de tous en général, la progression qu'il y a de la Prudence et de la Force, au succés des Entreprises, au bon ordre et à la discipline, à la gloire et au bonheur du Gouvernement; car dans le langage de la Peinture les Trophées, les Palmes, le Soleil et la Couronne sont les simboles de toutes ces qualités. Le Buste est de marbre blanc, les autres ornements sont de metail doré.

Les deux grands Trophées de bronze qui sont placez au milieu des deux extrémités de l'Escalier, ne sont qu'une répétition de la même Idée, pour marquer d'une manière plus autentique, que tout ce qui est représenté dans le Plafond ne s'est exécuté que par le concours de la Prudence et de la Force.

L'a principale source du bonheur dans les Etats est la tranquilité; la principale fonction d'un Roi est donc de la procurer à ses sujets en les mettant à couvert de l'opréssion de leurs voisins. Mais lorsque ce Roi unit en sa personne la Force à la Prudence il n'a pas seulement l'avantage de vaincre ses ennemis suivant le cours ordinaire et incertain de la guerre, la Victoire même semble le soutenir, guider, tous ses pas, et le rendre invincible: Ainsy vis-à-vis du Roi sont placées les Armes de France soutenüs par les ailes de la Victoire.

Sur les quatre massifs qui sont aux extrémités des deux grandes Faces on a représenté quatre Conquêtes que sa Majesté attaquée de toutes parts par les forces des plus puissantes Nations de l'Europe, avoit faite sur les Espagnols en une Année; ces Conquestes sont peintes par le S.r Vandermeulen sur de feintes Tapisseries à fond d'or.

A droite du buste du Roi est représenté le Siége de Cambray, fait par sa Majesté à la teste de son Armée. Cette Ville fut prise le 5. du mois d'Avril, 1677. apres 9 jours d'attaque, et la Citadelle le 17. du même mois.

A gauche est le Siége de Valanciénnes par l'armée du Roi qui la cômandoit en persône; cette ville quoy que tres forte fut emportée d'assaut le 17. de mars 1677. au bout de 7 à 8. jours de tranchée ouverte.

A droite du Trophée des armes de France vis-à-vis le Siége de Valanciénnes est la Bataille de Mont-Cassel remportée le 11.e avril 1677. par son altesse Royale Monsieur, Frere unique du Roi, sur le Prince d'Orange qui à la tête de l'armée des Alliez étoit venu pour Sécourir S.t Omer.

A gauche de ce même Trophée est le Siége de S.t Omer; cette ville se rendit à S. A. R. Monsieur, le 20.e du mois d'Avril 1677.

Des Conquestes si rapides ne tardent guere à répandre bien loin le nom des Souverains; ils deviennent pour ainsy dire des Astres qui intéressent tout l'Univers, dont on observe le cours les qualitez et les diverses infliiances, on les considere avec attention, on les respecte, on mesure toutes leurs démarches et ils ne font point de pas qu'on ne le regarde côme la Source de quelque grand Evénement futur. C'est donc pour cette raison que M.r le Brun apres avoir peint luy même au dessous des quatre Conqueste des Renomées, qui deux à deux annoncent aux quatre parties du Monde la Gloire du Roi, il a encore peint au naturel dans les 4. places qui sont entre celles des milieux et les massifs qu'on vient d'examiner; des Hômes de toutes les Nations, qui passent avec empressement dans les Galleries feintes qui conduisent aux Appartements du Roi, et que plusieurs d'entre eux paroissent s'arrester sur des balcons pour regarder dans l'Escalier, les Peintures d'une partie de l'Histoire de ce Prince. Ces différents Etrangers sont distribüez en 4. classes conformément à la division que les Géographes font de la Terre Les Européans et les Américains sont placés dans les deux balcons à gauche et à droite du Buste du Roi; les Affricains et les Asiatiques occupent les balcons opposés.

Il est inutile je crois de pousser plus loin la description de cette prémiere partie de l'Escalier, et d'entrer dans l'examen des Allégories qui sont répanduës de côté et d'autre, soit sur les Boucliers, soit sur les Casques, soit enfin parmy les autres Ornements, il n'y a personne qui ne sçache quels sont les Simboles particuliers à chaque Etat voisin de la France, et qui n'ait assez d'habitude avec les fictions poëtiques pour developper aisement par lui même, la pensée de Mr. le Brun.

Quand aux autres dispositions et aux mesures de toutes les parties de cet Edifice côme des rampes, des palliers Etc. La planche 2. qui en est le Géométral général, donnera une idée bien plus claire de toutes ces choses, que ne pouroit faire un discours long et ennuyeux : tout le monde n'est pas également curieux de cônoistre exactement les proportions des objets qui flatent les yeux ; et ceux qui y prennent plaisir Sçavent les découvrir sur les Plans Geométraux. Il suffit de dire icy que le Bronze et le Marbre semblent composer le massif de cet Edifice, et que comme il en est tout incrusté jusqu'à la Corniche, il y en a de toute espece, les différents tons de Clair obscur peuvent donner dans les Estampes une Idée de la couleur de chacun de ces différents Marbres. Les balustres qui soutiennent les apuis des rampes, les bazes et les chapiteaux des Colonnes et Pilastres Joniques, sont de Bronze cizelé et doré au feu ; les trophées et les autres Ornements dispersés de Côtés et d'autres sont de Metail doré.

Les portes de fer doré qui paroissent dans les planches 14 et 22. sont celles de deux Passages ou petits Peristiles conduisent dans les Apartements du rés de chaussée. Les Plafonds de ces Passages sont ornés de sculptures et de compartiments de marbre dans le même goust que le Vestibule. · Voyez les pl. 4. et 5

LA VOÛTE DE L'ESCALIER n'est pas moins allégorique que le bas, Mr. le Brun a feint au dessus de la corniche de marbre un second Ordre d'architecture corinthiëne, et deux Galleries ornées dans la longueur des deux faces principales de douze Termes qui paroissent suporter une seconde corniche sur laquelle il a suposé que le plafond étoit apuyé. Dans la décoration de cette nouvelle Architecture, il a toujours suivy son prémier princip, il y a exprimé d'une manierre tres détaillée les autres fonctions d'un Roi qui donne à son peuple tout ses soins et toute son affection. Il ne suffit pas á un Roi de soutenir avec fermeté les droits de sa Couronne et d'estre au dehors le déffenseur de son Royaume, en cômandant lui même ses armées : le titre d'Arbitre de la Paix ne luy paroist pas moins pretieux que celui de Conquerrant, il est continuellement apliqué au dedans a rendre ses sujets heureux, il y maintient le bon ordre et la dissipline par une observation rigoureuse de ses loix, il y multiplie les bons sujets en multipliant les récompens.es et y entretient l'abondance par un commerce fleury et étendu.

On voit donc icy le long de l'Attique les Simboles de la paix, de la Dissipline et de l'Abondance. Au dessus du buste du Roi paroissent Hercule et Minerve accompagnés des simboles ordinaires de leurs victoires, et dans des attitudes si graves et si tranquilles qu'il est aisé de juger que leurs grands Travaux sont finis et qu'ils goûtent à présent les douceurs d'une paix parfaite. vis-à-vis ces deux Divinités au dessus des armories de France, est Apollon apuyé sur un grand Trépied d'or et vainqueur du Serpent Pithon, vray simbole de l'authorité Royalle triomphante des troubles domestiques. Enfin de Costés et d'autres sont peintes les Divinitez des Sciences, des Arts et des quatre parties du Monde, qui chacune dans léur genre paroissent contribuer au bien et á la gloire de l'Etat. Voyez la Pl. 24.

En effet les sciences et les arts ne servent pas dans les Royaumes, seulement à pourvoir aux necessités de la vie et à satiffaire la curiosité et le faste ; elles contribuent encore à policer les hommes et á faire fleurir le comerce. l'Esprit aprend en les cultivant à reconnoître la vérité, il se dégage des préjugés, s'accoutume à souffrir avec plaisir le joug de la raison, devient juste, grand et capable de bien éxercer les différents emplois nécessaires á l'Etat. Les beaux exemples de l'Antiquité que les gens de Cabinet prennent soin de représenter souvent devant les yeux de tout le monde font naistre cette noble émulation qui éléve l'esprit de chaque Citoyen au dessus de son état particulier, et luy inspirent la préférence de l'hôneur et de la vertu aux plaisirs et à la vie même. C'est encore aux réflexions des gens de lettres que sont duës toutes ces Loix Sages, qui remédient à la coruption du cœur de la pluspart des hômes, et qui maintiennent entre eux le bon ordre et la discirline. Enfin les habiles gens sont par raport à l'Etat qui les possede cõme autant de Trésors inépuisables, qui atirent les Etrangers les plus distingués presqu'autant que les choses nécessaires à la vie attirent ceux qui font seulement profession du cõmerce, car le desir de Sçavoir et l'amour pour le beau sont si naturels à l'hôme qu'il néglige rarement les moyens de s'y satisfaire pour peu qu'ils luy soient possibles: on remarque même en cette occasion que l'esprit exercé avec assez de succés un empire despotique sur le Corps, puisque souvent il le force de se modérer dans ses besoins pour ne pas dissiper des fonds qui sont destinés à acquérir dans la patrie ou chez l'Etranger les productions des habiles gens; or ces productions deviennent d'autant plus parfaites et plus nombreuses que les Auteurs sont plus protégés par le Prince et qu'ils vivent sous un gouvernement plus heureux.

Ces Divinités donc sont les Muses fidelles Conpagnes d'Apollon, qui suivant les mithologues expriment parfaitement les éffets que produisent les Sciences et les arts, soit par raport à l'Etat en général soit par raport aux sujets en particulier. Dans la face du milieu proche de Hercule et de Minerve sont Clio et Polimnie l'Eloquên et l'Histoire, la prémᵉ assise sur des Livres tient une trompette. La Seconde tient un livre Vis-à-vis, aux cotés d'Apollon sont Thalie, muse de la Comédie, Melpomène muse de la Tragédie, et Calliope qui préside au Poëme héroïque ces Muses sont Caractérisées par les masques le poignard, et la couronne de laurier qu'elles ont à la main On voit dans le milieu du Costé gauche Uranie un compas à la main avec un Globe à coté d'élle Simboles de l'astronomie, et Euterpe qui tient une flûte, pour nous déssigner la Musique dont on lui atribuë l'invention. Le côté droit est remply par la Peinture et l'architecture; la prémierre paroist tenir un Tableau et l'autre le plan d'un Bâtiment. La disposition des Simboles des quatre parties du Monde répond à celle des peuples qui sont peints dans le bas, elles sont reconnoissables par leurs attributs ordinaires Les fruits differents qu'elles produisent forment autour d'élles des guirlandes, pour figurer les richesses que le cõmerce introduit avec abondance, dans un Royaume bien policé.

Si à présent on considére que parmy les attributs de plusieurs des Simboles qu'on vient d'examiner, il y a des choses qui conviennent particuliérement à la France et à Louis XIV, on apercevra facilement dans tous ces Simboles une peinture vive et bien circonstanciée des principaux événements du regne de ce Prince, Minerve et Hercule apuyéz contre un Globe orné de 3 fleurs de lis d'or suporté par un char remply des boucliers de trois Etats voisins de la France, et tiré par un Serpent à 3 testes, représentent la guerre que le Roi soutint contre l'Espagne, l'Empire et la Hollande liguès ensemble, et dont il sortit Vainqueur par le Traité de Nimégue. L'éffroyable Serpent Pithon formé des plus grossieres impuretés de la terre et détruit par Apollon signifie que sa Majesté avoit heureusement terminé les guerres civilles qui avoient troublé les prémierres années de son regne, et qu'il avoit étoufé les rébellions secréttes que les Ennemis avoient voulu susciter en France, il peut aussi fort bien signifier l'abolition des duëls, et cette sévrité salutaire du Roy qui purgea la france d'un monstre aussy dangereux. Les Muses et les quatre parties du Monde font connoistre la protection singuliére que le Roi avoit accordé aux Sciences et aux Arts, et le rétablissement du Cõmerce; sa Majesté avoit étably en 1664 l'Académie de Peinture et de Sculpture: l'Académie des Sciences avoit pris ses heureux commancements en 1666 Et celle d'architecture avoit paru en 1671. La construction de l'observatoire pour les Astronôme la réformation de la Justice par un nouveau Code en 1667; les Mathématiciens envoyéz par les ordres du Roi en divers endroits de l'Europe, l'Afrique et de l'Amérique, pour la perfection des Sciences et des Arts, et pour l'utilité publique. Les démonstrations Anatomiques ordonnées au Jardin Royal en 1673 enfin les liberalités et quantité d'autres avantages accordées par ce Monarque, à tous

coux qui y excelloient, avoient rendus la France comme la Patrie de toutes les Sciences et de tous les beaux Arts. Sa
Majesté ne s'étoit pas moins apliquée à faire fleurir le Commerce dans son Royaume; les privileges accordés aux cómer-
cans, et la Navigation renduë libre et tranquille avoient mis le commerce de France dans un degré qui trouvoit peu
d'égaux. Les différents Oyseaux qui sont peints au naturel dans les balcons voisins des 4. parties du Monde auxquelles
ils ont raport peuvent donner une idée de la Ménagerie composée d'un nombre presqu'infiny d'Animaux tres rares
que sa Majesté avoit fait amener de toutes parts a Versailles.

Lors qu'un Roi n'a en vuë que le bien public il gagne facillement tous les Cœurs; ses sujets le respectent avec admiration, et ayment à luy obeïr; les Peuples que la Victoire luy a soumis. deviennent même de fidels Sujets incapables
de luy dóner aucun sujet de défiance, les douceurs qu'ils apperçoivent sous ses Loix étouffent les ressentiments et
les regrêts qu'excite en eux cet amour qu'on a naturellement pour le Monarque sous lequel on est né, et les engage
à regarder leur Vainqueur comme leur Roi naturel auquel il doivent obeïr avec plaisir. Le Gouvernement Royal
étant donc figuré icy par des poupes de Vaissaux qui sont peintes dans les quatre angles de la Voûte; on a représenté
des Victoires colorées qui forment sur ces poupes des Trophées d'Armes de toutes sortes de Nations, et y attachent
des prisonniers, non avec des chaines mais avec des guirlandes de fleurs; ces Captifs ne paroissent pas non plus
dans des attitudes gesnées et de désespoir, ils sont même feints de marbre blanc, ou plustost de stuc pour signifier
qu'ils vivent sans volonté sous les Loix d'un Prince généreux, et que l'amour a presentement, plus de part á leur soumission que la crainte et la force; cet amour est caractérisé par des Enfants colorés qui paroissent au dessus
des Victoires soutenir les guirlandes qui lient les Prisonniers.

La variété des Trophées peut exprimer les différentes guerres auxquelles un Roi puissant et généreux est ex-
posé, d'un côté un Royaume qui fleurit dóne pour l'ordinaire de l'inquiétude et de la jalousie aux Princes ses
voisins, et le Cómerce ne s'établit et ne s'affermit presque jamais sans le secours des Armes. D'un autre côté les Rois se doivent
une protection mutuëlle; il leur est glorieux de se rendre Médiateurs des Alliez lors qu'ils sont prets à se faire la Guerre,
d'estre protecteurs des Princes affligés et de punir les séditieux et les usurpateurs. En éffet, Louis XIV. avoit souvent
été obligé d'envoyer de puissantes Armées navales pour réduire les Américains et les Affricains qui troubloient le commerce des Vaisseaux François, pendant que d'un autre côté il étoit l'Arbitre de presque toute l'Europe en feu, et que ses Armées de Terre, quoy que deja occupée à repousser les éfforts des Ennemis de la France déffendoient plusieurs Souverains
attaqués par des Usurpateurs et des voisins ambitieux.

APRÈS AVOIR REPRÉSENTÉ ce qui fait le bonheur des Peuples, Mr. le Brun passe à celuy des Rois en particulier, c'est à dire
à cet Immortalité prétieuse qui est le but principal de leurs Actions et le grand éffet de la reconnoissance de leurs Sujets.
Le Plafond représenté clairement l'Immortalité; les douze Termes qui le supportë sont les 12 Signes du Zodiaque, les
Médaillons et les Tableaux feints de lapis à fond et rehaussé d'or à la Mosaïque qu'on suppose appliqués contre la
Voûte ne contiennent que des Dieux tutelaires auteurs de la Vertu et dispensateurs de la Gloire, et des Hómes immortalisés,
La pluspart de ces Tableaux sont une peinture suivie de l'Histoire du Roi, mais elle y est revestuë du voile mistérieux de
l'Antiquité; ce Prince aussy bien que ses Sujets n'y paroissent que sous les habits de ces Héros anciens dont les noms seront
toujours vénérables, et on y voit les Vertus en personne converser avec eux, enfin toutes les actions qui y sont représentées concourent à établir le même principe, que jusqu'à présent nous avons examiné, c'est à dire l'Idée d'un Roi parfait
digne sujet de l'Immortalité. Les 12 signes du Zodiaque conviennent d'autant mieux icy que l'Année qu'ils composent
est la vraye Image de la vie de l'homme et que le Soleil étoit la devise du Roi.

Le Tableau du milieu de la face principale représente le passage de Tolhuys en 1672 ou les François en présence du
Roi traverserent le Rhin à la nage, et s'ouvrirent un chemin pour entrer dans les plus riches Provinces de la

Hollande. Ce passage au bout duquel on trouvoit une Armée à combatre, étoit une Action des plus hardies dont l'histoire fasse mention, aussi dans l'extremité du Tableau, le Rhin fier de la profondeur et de la rapidité de ses Eaux paroist-il épouvanté de la manierre inoüie avec laquelle la Valleur guerriere fait passer les François.

Dans le Tableau qui est à droit le Roy communique à Monsieur, Duc d'Orléans, au Prince de Condé et au Vicomte de Turenne, tous à cheval le dessein qu'il a d'attaquer en même tems quatre places des Hollandois, Vézel, Burick, Orsoy, et Rinbergue qui furent réellement prises les prémiers jours du mois de juin 1672. aprés 4. a 5. jours de Siege chacune.

Le Tableau qui est a gauche repésente la réformation de la Justice, le Roy assis sur son Trône donne d'une main aux Jurisconsultes un nouveau Code : ce Code devoit redonner à la Justice son ancienne liberté et la débarasser du cours presqu'infiny des procédures et des autres abus de la chicane qui accabloit le bon droit par des préjugez généraux et des defauts de formalités chimériques, ainsy sa Majesté paroist en même tems remetre de l'autre main la Balance et l'Epée à la Justice qui est accompagnée de l'Equité.

Vis-à-vis le passage du Rhin, est la Conqueste de la Franche Comté, faite pour la seconde fois en 1674. les Espagnols avoient déclaré la Guerre au Roy en consequence de leur nouveau Traité fait avec la plus grand'partie des Princes de l'Europe, sa Majesté résolut de les attaquer et de porter le premier éffort de ses Armes dans la Franche-Comté; dont la Conqueste fut faite en très peu de tems. Cette Province est figurée icy par une femme debout à qui la valeur met un joug sur les épaules, les Villes sont dépeintes par des femmes à genoux qui présentent des Clefs au Roy qui est à cheval tenant en main une Victoire, ce Prince est suivi de M.r le Duc de la Feuillade et de deux autres Généraux qui l'auoient aydé dans cette grande entreprise.

Le Tableau de la droite représente la fermeté du Roy à soutenir les Droits de sa Couronne. En 1661 l'Espagne voulut usurper sur la France, à l'entrée de l'Ambassadeur de Suede dans Londre; une égalité injurieuse elle fut aussitost contrainte de céder la préséance par une Déclaration solennelle et publique. En 1662. on viola à Rome la dignité d'un Ambassadeur françois, le Roy en tira une satisfaction très glorieuse; c'est cette double reparation qui est représentée ici; le Marquis de Füente Ambassadeur d'Espagne paroist déclarer à sa Majesté, que le Roy Philipe IV. son Maître étoit fort faché du désordre qui étoit arrivé à Londre; qu'il ne prétendoit point que ses Ministres disputassent le pas aux François, qu'au contraire il leur défendoit de concourir jamais avec eux. Derriere l'Ambassadeur est la Ville de Rome figurée par une femme au désespoir qui a une Louve à ses pieds et qui s'avance vers le Roy en déchirant ses vétements; la réparation qu'elle auoit à faire n'étoit pas une simple soumission, elle devoit encore s'engager à faire élever dans le milieu de sa Ville, une Piramide qui contiendroit le naré de l'attentat que les Corses de la Garde du Pape avoient osé commettre en la personne de Mons.r le Duc de Créqui, et la punition qui en avoit été faite. Ces satisfactions étoient grandes; mais les insultes étoient graves et pouvoient avoir des suites très fascheuses: d'un côté le parti de la fierté ne paroissoit pas praticable, il falloit entreprendre une guerre contre la France toujours Victorieuse et vray-semblablement c'eût été sacrifier au point d'honneur ses propres interest, de l'autre côté le Sceptre ne doit jamais tolérer les outrages, sa gloire n'est éclatante qu'à proportion qu'il est respecté. Ces puissant motifs sont donc représentés icy, par la Justice et les trois Sages qui accompagnent le Roy, et par la Raison qui conduit l'Ambassadeur; la Raison est sous la figure d'une femme qui tient d'une main une Epée et qui force de l'autre le Lion Espagnol de se coucher aux pieds du Roi. La Piramide qui avoit été élevée à Rome fut démolie trois ans aprés sa construction à la priere du Pape Clement IX. successeur d'Alexandre VII.

Dans le Tableau de la gauche le Roy est le Médiateur de la Paix entre la plus grande parti des Princes de l'Europe et rénouvelle plusieurs Alliances. sa Majesté paroist au milieu de plusieur Nations diférentes; à ses

côtés est la bonne foi sous la figure d'une femme, couronnée de fleurs, qui porte sur ses mains
un Coeur soutenu par un faisceau de verges liées ensemble simbole de l'union.

Les deux Tableaux des extrémités du Plafond représentent les honneurs et les Emplois donnés aux
Grands Hommes, et le rétablissement du Commerce ; dans le prémier le Roy accompagné de la Justice
distribuë des bâtons de Mareschaux de France et des Couronnes différentes à des Seigneurs qui s'inclinent
devant lui. Dans le second on voit à la droite du Roy des Commerçans caractérisés par l'Indus=
trie, ils sont aux piéds de sa Majesté qui leur accorde plusieurs Priviléges, à gauche parois=
sent plusieurs Ballots, images du Commerce.

Dans quatre Tableaux qui sont aux côtés du Passage du Rhin et de la Conqueste de la Franche
Comté, on voit la protection accordée par le Roy aux Sciences et aux Arts. La Poësie et la Sculpture
L'histoire et la Peinture sont représentées en 4 bas-reliéfs feints de bronze doré, et ornés aux côtés de
sphinx sur un fond de mosaïque d'or ; elles paroissent toutes occupées à faire L'histoire du Roy et à
immortaliser ses Actions. Car si dans chaque Roiaume le progrés des Sciences et des Arts dépend
de la protection que le Prince leur accorde, leurs travaux ne sont pas moins essentiels à sa Gloire ; ils peu=
vent même en estre considerés comme la base la plus solide ; ils sont exempts du caprice de la Fortune, et
le Temps ne fait que les rendre plus respectables à mesure qu'il les détruit.

Enfin les principales sources de la Grandeur d'un Roy sont la Vigilence, la Force, l'Authorité Royalle, et
la Magnificence reünies ensemble ; C'est pour cela qu'elles sont peintes icy dans les quatre An=
gles du Plafond comme si elles en étoient les Cléfs ; et qu'elles servent de suport à la Renommeé et à
l'Immortalité, la premiere figurée par une femme qui sonne de la trompette et l'autre par
Mercure sur le cheval Pegase qui prend son vol vers le Ciel.

LE GRAND QUADRE parallélogramique qu'on voit à la cime du Plafond et qui est orné tout
à l'entour dans le dessous d'un cordon de fleurs et de fruits en Sculpture, est le seul canal par ou passe
la lumiere pour éclairer cette grande machine. Les Consoles qui regnent sur ce quadre sont droites à
plomb sur les Colonnes et les Pillastres d'embas et supportent pour couronnement une Corniche sur la-
quelle est posée en forme de toît un compartiment de glaces qui ferment l'ouverture et empeschent la
pluye de pénétrer dans l'interieur. L'impossibilité ou l'on étoit de tirer du Jour par d'autres endroits
que par le milieu de la Voute a produit un éffet merveilleux ; le bas de l'Edifice n'est point interrompu
par des fenestres dont les jours trop vifs petillent et nuisent aux yeux des Spectateurs. Il en paroist plus
d'harmonie dans les Peintures, la lumiere en devient Majestueuse, et si l'on fait attention à l'allégorie de tout
l'ouvrage, on peut prendre la disposition de ce jour pour un simbole de cette lumiere Céleste qui guide les
véritables Héros dans toutes leurs Actions, et qui doit les Couronner dans l'Eternité.

I. C. le Fevre.

Vue exterieure de L'entrée du Grand Escalier   Prospectus exterioris introïtus Magnarum Scalarum
du Chasteau de Versailles .   Regiæ Versaliarum .

Plan du Grand Escalier des Ambassadeurs à Versailles | Ichnographia Maximi è gradibus Versaliæ

Vestibule du Grand Escalier de Versailles.
sur les desseins de Charles le Brun.

Vestibulum magnarum Scalarum Regiæ Versalianæ
auctis adumbrationum Caroli le Brun.

Plafond du passage a droit | Lacunar introëuntibus ad dextram

Dans le grand Escalier de Versailles | In magnas Scalas Regias Versaliacæ

Sur les desseins de Charles le Brun. | juxta adumbrationem Caroli le Brun.

a Paris chez L. Surugue graveur montagne S.te Geneviove attenant le College de Laon.

Plafond du passage a gauche | Lacunar introëntibus ad Sinistram
dans le grand Escalier de Versailles, | In magnas Scalas Regiæ Versalianæ.
Sur les desseins de Charles le Brun. | juxta adumbrationem Caroli le Brun.

a Paris chez L. Surugue graveur Montagne Ste Genevieve attenant le College de Laon.

5

Vue interieure du Grand Escalier de Versailles. — Prospectus interioris majorum Scallarum Versaliorum

Fontaine

dans le grand Escalier de Versailles.

Fons

in majoribus Versaliarum scalis.

7

Valenciennes emporté d'assaut.   Valentianæ expugnatæ.

dans le grand Escallier de Versailles.   In majoribus Scalis Versaliarum—.

Peint par F. Vandermeulen, et les Ornements par C. leBrun.   Expugnationem pinx. F. Vandermeulen Ornamenta vero C. leBrun.

a Paris chez I. Surugue ruë des Noyers vis a vis la rue de S.te Yves.

Prise de Saint Omer.
dans le grand Escallier de Versailles.
Peint par F. Vandermeulen, et les Ornements par C. leBrun.

Audomaropolis expugnatio.
In majoribus scalis Versaliarum.
Expugnationem pinx. F. Vandermeulen, ornamenta vero C. leBrun.

a Paris chez J. Mariette rüe St. Jacques aux Colonnes d'Hercules.

17

Le Buste de Louis le Grand | Ludovici magni Effigies marmorea
dans le grand Escalier de Versailles | in majoribus Versalliarum Scalis
exécuté en marbre par Ant. Coyzevox. | ab Ant. Coyzevox exquisitiis efformata.   10.

Reddition de Cambray
dans le grand Escallier de Versailles
Peinte par F. Vandermeulen et les ornements par
Ch. le Brun

Cameracum expugnatur
in majoribus Scalis Versaliarum
Expugnationem pinxit F. Vandermeulen ornamenta
vero C. le Brun

L. Surugue merc. 1726.

a Paris chez L. Surugue rüe des Noyers vis a vis le mur de S.t Yves.

12

à Paris Chez L. Surugue montagne S.te Geneviève.

Palliers de marbre au haut des degrés
dans le grand Escalier de Versailles.

Areæ marmoreæ Supra gradus
in majoribus Scalis Versaliarum.

A A Portes des grands apartemens du Roy BB Portes des petits apartemens du Roy
C C C C Fausses portes. DD Les degrés du grand Escalier. EE Balustres de bronze doré

A A Ianuæ majorum Regis ædium. BB Ianuæ minorum Regis ædium. CCCC Pseudothira
DD Gradus majorum Scalarum. EE Cancelli &c. ære auratæ.

13

Vuë du costé gauche
du grand Escalier de Versailles.

Prospectus partis sinistræ
majorum Scalarum Versalianarum.

14

Trophée des Armes d'hercule   Trophæum herculis

dans le Grand Escalier de Versailles.   in majoribus scalis Versaliarum :

Executé en bronze par Antoine Coyzevox,   Ex ære fusum, et ab Antonio Coyzevox

Sur les desseins de Charles le Brun.   juxta adumbrationem C. le Brun, elaboratum.

15

Vuë intérieur du grand Escalier de Versailles
du côté de l'entrée

Prospectus interioris majorum scalarum Versalianarum
pars introitus

Les Armes de France et de Navarre | Franciæ et Navarræ Insignia
dans le grand Escalier de Versailles | in majoribus Versaliarum Scalis
exécutées en Bronze par Ant. Coyzevox | ex ære ab Antonio Coyzevox
Sur les desseins de Ch. le Brun. | ad delineationem Caroli le Brun elaborata.

19

Bataille de Cassel:
dans le grand Escalier de Versailles
Peinte par F. Vandermeulen et les ornements par
Ch. le Brun

Pugna ad Castellum.
in majoribus Scalis Versaliarum.
Pugnam pinxit F. Vandermeulen ornamenta vero
C. le Brun

A Paris chez le Surugue rue des Noyers vis a vis le mur de S.t Yves.

21

Vue du Costé droit | Prospectus partis dextræ

du Grand Escalier de Versailles. | Majorum Scalarum Versalianorum.

Trophée des Armes de Minerve
Dans le grand Escalier de Versailles
Executé en Bronze par Antoine Coyzevox
Sur les desseins de Charles le Brun.

Trophæum Minervæ
In majoribus Scalis Versaliarum
Ex Ære fusum, et ab Antonio Coyzevox
Juxta adumbrationem C. le Brun elaboratum.

23

C.le Brun inv. et pinx.
C. Simonneau l'ainé Sculp.
PLAFOND DU GRAND ESCALIER.
dit l'Escalier des Ambassadeurs, peint par
PRÉSENTÉ a
Écuier Conseiller du Roy en tous ses Con.ls Intend.t et Ordonnateur
DU CHATEAU DE VERSAILLES
M.r le Brun premier Peintre du Roy.
MONSIEUR DE COTTE
general des Bâtimens, Jardins, et Manufactures de France.